艺术文创概论
——文旅产业板块导读

徐中锋　金　源　编著

东南大学出版社
SOUTHEAST UNIVERSITY PRESS
·南京·

图书在版编目(CIP)数据

艺术文创概论：文旅产业板块导读 / 徐中锋，金源编著.—南京：东南大学出版社，2021.11
ISBN 978-7-5641-9781-0

Ⅰ.①艺… Ⅱ.①徐… ②金… Ⅲ.①文化产品—产品设计—研究 Ⅳ.①G124

中国版本图书馆 CIP 数据核字(2021)第 231312 号

责任编辑：张丽萍　责任校对：张万莹　封面设计：王玥　责任印制：周荣虎

艺术文创概论——文旅产业板块导读

YISHU WENCHUANG GAILUN — WENLV CHANYE BANKUAI DAODU

编　　著：徐中锋　金　源
出版发行：东南大学出版社
社　　址：南京四牌楼 2 号　邮编：210096　电话：025-83793330
网　　址：http://www.seupress.com
电子邮件：press@seupress.com
经　　销：全国各地新华书店
印　　刷：南京艺中印务有限公司
开　　本：700mm×1 000mm　1/16
印　　张：7.5
字　　数：136 千字
版　　次：2021 年 11 月第 1 版
印　　次：2021 年 11 月第 1 次印刷
书　　号：ISBN 978-7-5641-9781-0
定　　价：38.00 元

序 言

“文创”究竟是什么？“艺术文创”又要说明什么问题呢？作为当下的一大热门，理清其理论源起和实践过程，对于其科学发展来说是非常必要的。文创一词，最早来自于英国的“文化创意产业”，主要是为了强调商品的文化属性和精神内涵，以引起受众的情感反应，更好地推进商业发展和文化交流。这与苏珊·朗格（Susanne K. Langer）的符号理论以及鲁思·本尼迪克特（Ruth Benedict）的观念相一致。社会经济的发展，使得人们对美与文化的诉求越来越多，如何继承并创新显得尤为重要。作为人类社会经济基础的上层建筑，文化产生于人类有目的的社会活动，是新旧矛盾的共同运动结果，是一种由量变到质变的转化过程。在人类物质生产消费活动过程中，巨大的文化力量不断创新发展形成文化势能，文化势能所具有的明确指向性，是一个民族区别于其他民族的主要特征。

在我国，文创更多地理解为“文化创新”。作为国家文化发展战略的核心内容，“发扬民族文化的优秀传统”“着眼于世界文化发展的前沿”，是我们当下需要认真思考和积极参与的，如何把握当代与传统，客观看待中西文化的交流和交融；不守旧，更不凭空或无意义的创新；立足实践，将人民群众不断增长的精神文化需求放在首位，是每一个文化艺术工作者的义务和责任。

作为一个重要节点，上海市在2017年12月15日发布的《关于加快本市文化创意产业创新发展的若干意见》，提出“未来五年，基本建成现代文化创意产业重镇”的目标，对于响应中央的文化自信与文化创新发展战略有重要意义。从数据上来看，上海2016年文创产业增加值为3 310亿元，占上海生产总值比重达12.1%；2018年实现增加值4 227.72亿元，同比增长8.9%，其发展速度和影响力是惊人的。文件显示，预计到2030年，上海文创产业将占生产总值比重的18%左右，基本建成具有国际影响力的文化创意产业中心。

为什么要把艺术和文创连在一起说呢？这是因为，感性的交流和传播是文化的基本属性，在社会实践发展过程中，基于优秀传统的、符合时代审美和现实需求的创新，才能更好地叫好叫座，产生不一样的精神感受和商业价值，也就是说，才能既赚钱又讨人喜欢。这里，作为精神需求的重要部分，我们认为，艺术要成为重要的参与者和话语权拥有者，成为检验新时代文化创新的重要标准。中华民族文化艺术传承的脉络清晰而厚重，历史上曾一度引领世界审美时尚。当今中国在对其的继承和发展上已经有了很多突破，新东方美学已经深入人心。在艺术文创的实践中，有效利用造型和色彩，形成不同的审美感受，形成新的艺术品位和市场价值，附加在人们衣食住行的每一件物品、每一项行动中，引导和培养一个完整的艺术文创体系，不仅调动消费潜能，更呈现情感意义，推动文化自身内在发展，逐渐沉淀成新时代的审美时尚，是艺术文创之于时代发展的重要任务，也是促进民族文化焕发生机、历久弥新的不竭动力。

那要如何创造创新呢？要创新，首先要有传承。作为一个历史性的概念，传承所代表的是文化的沿袭与历史的脚印。物质美学的造型和色彩都有传承性的特征，“文物”都承载着不同时期审美变化的丰富记忆，有着强大的和旺盛的生命力。随着时代的变迁、社会的发展，能够代表历史价值的“文物”都在不断地融入新的设计思想，不断涌现出符合当时特点的审美样式及审美内容，这样的传承透过具体文化符号进行反映，是一种具体的、发展的文化形态，让我们看到历史以及文化生活的适应、认知及接受过程。日本美学家黑天鹏信在《艺术和艺术学》中有这样一个定义：“艺术是美的感情的具体的及客观的表现”，艺术不但是让人们感到美、感到快乐，更是这种美用具体事物表现出来的物质或产品。所以，艺术文创的创新更多的应该从实用艺术做起，从对实用艺术的理解、发展做起，处理人、时代与新产品之间的关系，并将新产品最终融入社会的普世认知观念即社会文化之中，得到使用者的情感认同和接受。

本书在研究、整理、撰写过程中，恰逢上海市文教结合三年规划重点项目“上海艺术管理与文化创新紧缺人才培养基地”的实施，作为导向性课程教材之一，《艺术文创概论》，强调理论和实践相结合，拟编撰成一系列的方向性基础读本，突显艺术赋能、艺术生活，希望能以研讨的方式给年轻的艺术创业者以实际的应用，也希望未来能有更多、更新的成果不断问世。作为项目基地的负责人，华东师范大学徐中锋老师负责这部教材的框架、案例及主要章节内容，金源老师负责文旅版块的内容。本书借鉴了较多学者及机构的资料，也使用了一些学员的优秀成果，在此一并感谢。书中不足之处，请读者多提意见以便修正。

艺术文创的事业才刚刚开始，在发展过程中，虽然出现了很多亮点，也产生了不可估量的社会意义和市场价值，但还是片面化严重，呈现一种不完善、不沉稳、零散的状态，对于审美创新的拿捏，需要在观念认知、人才培养、市场培育等多方面付出更多努力。

目　录

第一章

艺术文创的意义

第一节　时代背景与社会发展

随着社会经济的发展，人们生活水平已经上升到一个新的层面，对于审美和创新的需求使得人们越来越关注文化和精神生活，根据马斯洛需求层次理论的观点，商业和经济的增长使人们摆脱了过去单纯追求物质的生活方式，中国居民有能力走出一般需求，进入到更高层次的需求。

以中国的文化旅游业为例，可以看到，文旅经济在 20 年前已经成为国民经济的支柱型产业之一，之后的高速发展更是有目共睹，中国旅游研究院《中国休闲发展年度报告（2013—2014）》指出：中国经济的发展带动城乡居民收入持续增加，居民消费结构升级进一步加快，促进中国旅游业深入发展，为以旅游休闲产业为主的服务型产业发展提供强大的市场支撑。“十二五”时期我国旅游业进入大众化的全面发展阶段，“十二五”末和“十三五”期间，文旅经济仍将处于黄金发展期和高速增长期，市场前景有待更深层次挖掘。

旅游人口的不断增多、旅游目的地的不断扩大，势必带来以旅游纪念品为主的旅

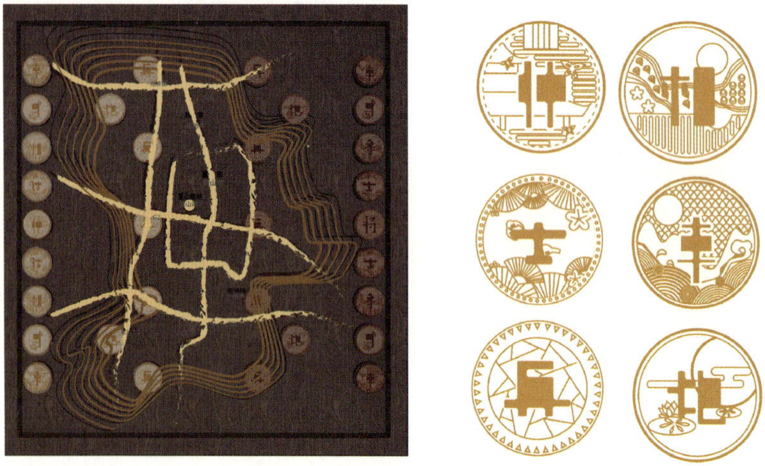

鹿城一象棋：棋盘上昆山的地图，棋子上昆曲的元素，带着昆山的气息迎接到来的客人

图 1 《鹿城一象棋》 设计：王玉娇

游收入的井喷式增长。世界经济贸易组织统计数据显示，欧美国家的旅游纪念品收入通常占到这些国家旅游业总收入的 40%以上，以自由贸易港闻名的新加坡，旅游纪念品收入更占到该国旅游业总收入的 50%～55%，且总体呈上升趋势。旅游购物占旅游业总收入的比重反映一个国家、一个地区旅游市场发展的程度，而旅游纪念品销售收入高低是衡量一个国家是否是旅游业发达国家的重要标志。在这一方面，我们国家文旅产业发展水平与旅游业发达国家依然存在很大差距，我国旅游纪念品收入仅占旅游业总收入的 20%左右，甚至更低。究其原因，就在于现在很多旅游纪念品不能代表区域文化特色、风土人情、人文情怀，不能反映一个地区、一个城市风貌的主要内容，市场秩序混乱、同质化严重，缺乏设计创新和内涵附加，生产样式单一、经营方式粗放，缺乏审美、各自为战、廉价促销，这已经到了非改不可的时候。

图 2　“生欢喜心”帆布袋　设计：卢忆

文旅产品是艺术文创事业正在积极参与的一项重要内容，其开发和落地一定要建立在地域文化和风土人情的基础上，沉淀旅行者的美好回忆，激发消费者的情感共鸣，起到文化传播媒介的作用。文旅产品所反映的民俗和地域文化，以及其所提炼出的物化特征，来自传统，面向时代和时尚，是人与人、地区与地区、国家与国家、民族与民族交流的重要介质。文旅产品的开发更应该大量地挖掘地域个性与产品风格之间的内在关系，发现其在历史文化传承、传播过程中所起到的重要作用，从而将特定文化遗产尤其是非物质文化遗产的内容转化为设计理念、艺术符号，从而更多地承载旅游区民俗特征、人文信息和地域形象，这样市场潜力将十分巨大。

第二节 东西方文化交流的进程

自汉代张骞出使西域，丝绸之路形成以来，中国的传统文化便源源不断地通过中亚、西亚进入中东再传入欧洲。从古至今，代表着中国传统文化的中国传统手工艺品对于世界文化的传承与发展都产生着深远的影响。

从国内文化形成脉络看，中国传统手工艺品与中国传统哲学关系密切，中国古代思想家常常用工艺技巧来比喻、阐释其政治抱负、人生感悟以及其他种种思考，例如战国时期《考工记》就有："天有时，地有气，材有美，工有巧。"中国传统手工艺品都保留着以下几个固定特征：

A. 强调"重己役物"，也就是现代设计观念中所说的以人为本，强调的是要最大限度地发挥人造物的社会价值，使其为人服务，最终目的是改变人的生存环境，提高生活品质。

B. 强调"致用""交相利"，中国传统手工艺品重视设计的实用性和目的性。战国时期墨子在舟车的设计上就强调，舟车的制造目的是为了负载重物、方便长途运输，牢固、轻巧、便利及可以长途负重是其设计的主要原则，装饰的华美繁复是次要原则。

C."审曲面势，各随其宜"，中国传统手工艺中所传递的工艺、材料、美观与便捷使用之间的和谐关系，对西方有很大的影响。

工艺的进步是推动贸易完成的基础，如明清时期在欧洲形成的中国瓷器热。中国外销瓷从本地样式到依图定制，不断学习新的绘画艺术笔法、构图和意境，在充分满足海外不同区域审美需求的基础上不断尝试创新，以图为先、以工取胜，特征清晰而鲜明，所表达的情感使得欧洲人开始关注东方艺术品形式之外的内容，优雅柔和、丰富多样的图像，以及神秘的东方民俗和帝国风范都日益诱导着他们的狂热。拥有一定量的东方瓷器、牙雕、银饰等成为一种身份的象征，这些东西也成为贵重礼物。欧洲人会将买回的瓷器附加金属饰具，比如将玉壶春瓶改造成执壶，给青花碗加上双柄。配金镶银，中西装饰融为一体，奇妙无以复加。

当今东西方文化交流的此消彼长，出现了很多值得我们思考的东西，比如前些年盛行的西方名牌热，人手一部“iPhone”，“Prada”“Gucci”满街飞，这是源于其科技时尚性，大众感受到诱惑、新奇。这些年，国内产品日新月异，当“新国潮”“新中式”的概念和品质赶上来时，大家也慢慢回归，更多地表现出审美的理性和审美的发展。

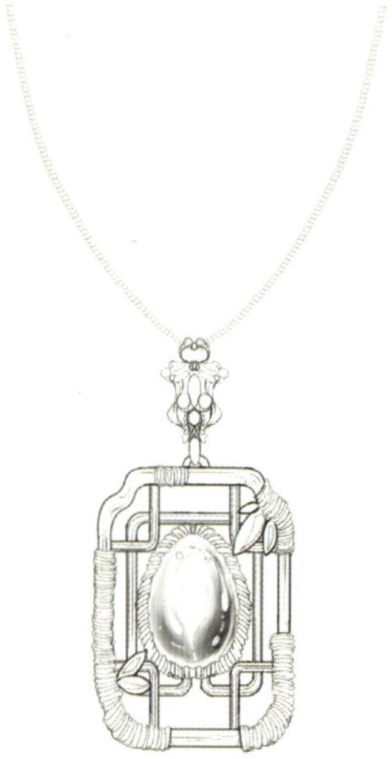

《窗前明月》手工文创设计手稿图

图 3 《窗前明月》珠宝 设计：戚雪芹

第三节　基于文化的市场需求

“广义的文化指人类所创造的物质财富与精神财富，即包罗万象的大文化。狭义的文化专门指精神财富，即意识形态——上层建筑的思想部分。”文化就是指人所创造的人工产品的汇总体，自然存在的不属于文化的范畴。基于文化的市场需求表现在旅游上，我们叫文化旅游，又叫人文旅游，也可简称为文旅，是指通过旅游实现感知、了解、体察人类文化具体内容之目的的行为过程。泛指以鉴赏异国异地传统文化、追寻文化名人遗踪或参加当地举办的各种文化活动为目的的旅游。寻求文化享受已成为当前旅游者的一种风尚。

具体地讲，人文旅游是按照一定的主题构想，运用一定的物质材料，突出一定的文化特征，重新创造或重新建设的人为景观旅游。例如，张继《枫桥夜泊》中“姑苏城外寒山寺，夜半钟声到客船”。寒山寺历史悠久、几度兴毁，现存建筑及铁钟等均为清代重置，大部分景观与原有的已有所区别，但由于脍炙人口的诗词，历代游客络绎不绝。当下景观的诱惑力已从景观本身转移到诗词所赋予的景观文化之上。游客不

图 4　《夫人礼》丝绸陶瓷礼盒　设计：万事利丝绸

再是单纯的游览、观察，而是透过客观存在的旅游景观，体验、感受其背后所蕴含的文化内涵，满足内心情感诉求。因此，人文景点的文旅产品在外观造型上应与景观历史、环境印象保持一致，与文学中的精彩描述保持一致，恰如其分地运用一定的物质材料，凸显其背后所蕴含的文化内容及文化属性，使游客在欣赏的过程中，产生具体的、美妙的切身体验和情感联系。

作为社会景观舞台的主角，特定区域的人群所存在的特定品质和特定风格，成为人文旅游景观的主要表演者。文旅产品的设计要以一定的人群特征为核心，其内涵主要是时代风貌与文化内涵的结合，要以明快、鲜亮的暖色调为主，注重民俗风情的表达。例如，如果我们去参加宁波象山石浦渔港的“开渔节”，看到人头攒动、烟花绽放、千帆竞发，渔村的人们光着膀子抬着如意娘娘的造像巡街、舞蹈，为出海丰收虔诚祭拜，定能引发无数感动。所以，如果要创造宁波象山的文旅产品，一定是以渔民为主的，突出渔民自身的美，如服装特征、气质特征、风度特征等。

作为购买行为的实施者，其具有的生理诉求及心理诉求是消费动机实现的主要影响因素。从消费者购买文旅产品的消费行为上看，新创造的每一件商品都应存在功能严谨和情感满足双重特征。理想的状态是，每一件商品的色彩、结构、式样、质地、包装都和艺术相融合，审美和实用兼具，都构成一种审美文化存在，从而对消费行为产生直接影响。要达到这种人为的、无形的情感体验，服务于人文旅游的关键需求，需要通过艺术手段的加工升华将原欲转化为社会文化认同，这样才能成功捕获消费者的消费需求。

年轻一代已经成为文旅产品的主要消费人群，他们思想活跃、文化情结重，富于想象力、创造力以及冒险精神，其购物心理主要表现在追求时尚、向往青春浪漫、求新求异，往往对有文化内涵的新产品抱有兴趣，多购买能够展现个性的纪念品，往往会产生冲动性消费或者情感性消费。

第二章

艺术文创的方法

第一节 传统与创新的关系

一味地复原，就会出现很多老套的内容；没有根基的创新，则会让人感到浮夸、虚无，在市场上都难以长久。

目前的市场就存在诸多这样的问题：①设计造型雷同、内容粗制滥造，大量出现仿冒名牌、抄袭现象，产品良莠不齐，同质化严重。例如，南京云锦市场出现了苏绣、蜀锦等非南京旅游纪念品，且也贴着南京云锦的标签出售，误导消费者。②对非物质文化遗产概念过度利用、误读开发，难以切合市场需求，脱离本身文化内涵，呈现低俗性、功利性特征。例如，苏州工艺品市场，设计主题脱离传统，模具制作，平淡平庸，甚至出现图案内容低俗化、象征意义低俗化等问题。③市场定位不明确，销售混乱、各自为战、相互压价，不利于自有特色品牌的建立。

随着信息技术的发展，世界各地的差异逐渐缩小，全球化趋势日益加强。在这样的时代背景下，艺术文创的关键逐渐聚焦在民族文化、地域历史之上，优秀的设计师

图1 女装 设计：礼承服饰

一定会从广博的传统文化中找到亮点，并将其提炼为现代艺术符号应用于创作，让拥有同样文化背景的受众迅速接受并引起情感共鸣。

艺术文创对文化符号的提炼要关注文字、色彩、图案、纹样、形式、内涵等各个方面，重点在于对视觉及情感性元素的借鉴及使用，并通过各种组合和方法进行创新，以呈现装饰美、寓意好的特征。适合视觉符号提炼的主要是一些文化指向明确、图形纹样饱满、视觉效果好的内容，例如取材于自然的松柏、牡丹、蝙蝠、仙鹤，以及取材于汉字的福、寿、禄等，都有着千百年的有效认同。将多重符号进行提炼重组也是有效的方法，使用大众认同的文化符号组合更能加大视觉冲击力，满足人们期盼美好生活的心理需求。

传统和创新之间有着各种的共生关系，需要在文化内涵和时代需求上多下功夫。传统是静态的、隐秘的，如何更加动态、多元地展现给受众，是艺术文创实践发展的重要课题。互动也是一项重要的内容，让受众参与其中亲自设计或体验的过程，也是一项创新产品。在一些历史文化街区、古镇上，前店销售、后坊制作的形式可让游客近距离的欣赏感知、互动参与，以更好地理解地域文化，并与之产生情感共鸣，激发购买热情，销售效果自然好了很多。

第二节 技艺与科技的结合

现代文旅产品在满足传统文化传承媒介作用的同时，还应反映现代科技的进步，并以此降低成本，呈现更好的产品状态。比如，应用 3D 打印技术完成的模具样品；应用三维扫描技术完成的图像处理等。

传统设计多强调点、线、面之间的结构关系，现代设计多强调三维空间与二维图像的交叉转换，通过运用透视学将二维图像进行延展、拉伸，使其转变成为具有实际空间结构的三维立体图像，还可以运用图形叠加效果等。例如，选取南京夫子庙大成殿的《孔子圣迹图》中的人物和场景，运用三维设计软件建模、造型、上色，在充分保留原作艺术价值的基础上，应用 3D 打印技术，将三维图像变成可看、可观、可赏、可玩的大成殿旅游纪念品。而时尚流行中将立体元素扁平化处理，也是一种快速创造具有装饰效果的文旅产品的有效方法。

第三节　观念与设计的并存

一件新产品的产生，需要有全新的设计理念，再加上各种现代科技材料的支撑，才能出现令人耳目一新的造型结构。“设计师的创意，不在自己心里，全在成熟的客户需求、产品特点和受众的交汇点上。”现代概念下的产品设计已经完全突破了“仅仅是造型设计”的观点，一个成熟的、有意义的观念是一定要融入其中的。设计师在产品成型的每个环节都需要全面的思考，要进行市场调研，发现客户需求；也要接纳市场反馈，完善设计方案。设计师更多的是设计完成一个观念、概念、引导方式，打破了过去单纯的、单一的、封闭的方式，让产品呈现更多的理想化特征，更好地被市场接受。

那么对于设计师而言，在遵从设计的一般原理的同时，怎么样才算是有一个“全新的设计理念”呢？要有来源、有传承、有创新、有意义，并符合现代时尚需求，才是一个“全新的设计理念”。有很多设计师，尤其是新入行的设计师，可能对于软件、

图 2　鞍山老窖“源酒”　设计：李朝阳

工具、材料都很熟悉，但缺乏美术史论、艺术辩证的概念，使设计审美运用一些错误的标准，虽然也可以达到新颖、独特的效果，但缺乏灵魂和内核。还有，要避开“伪时尚”，以精神内核引导流行纹饰、流行色彩，达到观念与设计的并存。

在实际工作中，建议设计师多从博物馆藏资源中寻找转化灵感，着重历史典型审美元素的运用，同时从消费者需求角度考虑实用或观赏价值，这样，设计出的产品就能更好阐述审美精神和文化内涵。

第四节　艺术与时尚的融洽

做文化产业，一定要懂得艺术、懂得时尚，让美学特征出现在我们衣食住行的方方面面，形成一个整体。艺术和时尚的结合，能形成品质的冲击力，突破现有市场产品体系的同质化和粗劣性，给市场奉上“滚烫的热茶”，而不再是一杯“温吞水”。在这一方面，大致有以下几点：①简约、自然的形式美感。我国古代审美一直崇尚简约、自然，其中宋代、明代最为明显，都在世界大范围内创造了卓越的吸引或认同感。只有回归中庸、内蕴的形式美感，才能真正有当下时代所谓的低调奢华。②高端、质感的材质创新。材质的选择是很重要的，贵重、稀缺的材质自然好，但传统概念中的一些材料还有一番特殊感情，就像竹子之于文人、丝绸之于女人。在当代中国，工艺和材料已经有了很多创新和突破，但有些创新和突破并不是建立在传承延续基础上的，也没有在实践的基础上进行细致揣摩，所以，就好像无本之木，缺失灵魂，不够细致和巧妙。如国际上比较好的扎染工艺布料跟国内现有的扎染工艺相比，就非常清楚差距了。应该以国外好的创新作为参考，科学地提升自我创新力。③雅致、有格调的内在气质。时尚是一段时间内流行的内容，可能是一个造型、一个色系，抑或是一句口头禅，可能跟艺术没有关系，甚至是调侃的、粗俗的。现代生活的信息来源广泛，要处理好时尚跟艺术之间的关系，就需要设计师和生产商秉承审美第一的理念，巧妙地植入艺术与时尚。

第五节 产品与需求的竞争

要想真正激活国内文旅市场，就必须要做好产品和需求的调研工作，经过反复的实验和验证，才能使产品和市场对接完美。我们可以看到，有一段时间国内博物馆制造出来的是大量的、空洞的、无意义的文创，像书签、手机壳、胶带、帽子等，成本高、销量小，有限的流量被滥用，并没有创造出可观市场。与之相对的是“故宫文创”，作为一个强大的 IP，它的影响力、吸引力、延展度都碾压其他文博文创，在创新性上已经达到了一个崭新的高度。

需求一直都在，竞争也一直都在，只有做好一个产品或一个产品系统，才会赢得市场，赢得一个时代赋予社会需求的创新进程。

图 3 苏绣主题书签 设计：王文平

第三章

艺术文创要注意的问题

第一节 关于创新理念

恰到好处的设计、创造来自丰富的积累以及综合的思考，关于文旅产品的设计创新，应该符合以下几个原则。

首先，材料本土化原则。任何产品都离不开材料、形式和内涵，文旅产品亦然。日本学者黑田鹏信在《艺术学纲要》中提出：“艺术材料具有两种意味，一是感觉的材料，另一种是制作艺术的物质材料。”他认为，艺术的感觉材料和美的材料相同，同样具有造型、色彩、声音等，依托表现形式而各有不同。从设计学的角度看，文旅产品的“物质性”既具有差异性，又具有着共通性，无论是非物质文化遗产，还是物质文化遗产，大多直接采用当地常见和易于获得的物质材料来制作。例如，福建、广东盛行藤木编制器物，河北沧州盛产柳条编制器物，山西永济则喜用麦秆编制器物。地区盛产材料的差异性造成编制材料的差异性，但创作的内容却具有共通性。延续到现代，不同地区的不同产品造就了不同地区鲜明的社会文化差异。因此，现代文旅产品作为地域文化传承载体也应遵循材料本土化原则。

其次，设计共通性原则。从心理学角度看，意识是“个人运用感觉、知觉、思考、记忆等心理活动对自己的身心状态与环境中的人、事、物变化的综合觉察与认识”，这能够通过文旅产品外化出来，反映与传播某一具体地域、具体人群的集体审美价值观，形成一定的社会性。通过对特定区域文旅产品的创作动机、设计目的、参与元素、思想观念进行考察、分析，我们不难发现隐藏在其显性形式背后的隐形文化内涵。例如，南京夫子庙灯会上的各种花灯，在表现美的同时，又是驱鬼除疫、祈求平安。

最后，表现多样性原则。设计应表现宽泛的审美，可以在传统艺术的不同风格之上融入大量的可变元素，使得形式语言在审美过程中获得更加丰富的表现。对创新作品的表现形式，进行多样性的调整使其具有本身以外的更多丰富特性，使人获得更多审美体验。邢庆华认为：“如果我们从产品形态定向、投影、立体视觉概念、物体最佳角度、平面和透视方法、倾斜度、动感、重叠与透视处理、装饰、想象和视觉空间等等不同视觉因素上进行研究和调整，那么设计的表现形式便会产生新的延展。”设

图 1　端午灯彩　设计：吴亚敏

计的表现形式可分为立体和平面两大类型。在平面设计中，通过向作品形象加入不同方向的光照变化，适当改变不同表现形式的透视角度，通过拉伸、旋转，改变原有的时空角度，使一些具有传统文化内涵的内容展现出非平面设计效果；在二维时空维度中，打破空间局限获取更加丰富、更耐人寻味的三维艺术效果，都是可行的。为了打破常规，还可以对立体元素进行符号提炼，设计出具有立体效果的平面化造型。

遵循设计表现多样性原则，能让相关文化元素得到重新组合排列，得出更多的、全新的应用空间。

第二节 关于产品定位

在市场经济迅速发展的大背景下，任何产品都应打破因循守旧的设计思维模式，更加灵活、更加多样的将文化历史融入创新设计之中。

要搞清楚产品定位的问题，就要先了解产品创新设计发展的趋势。

(1) 多元化产品受到欢迎。日本学者黑川雅之在《世纪设计提案——设计的未来考古学》中写道，标准化生产逐渐被社会淘汰，取而代之的是具有民族、地域文化特色的，具有象征意义的，并能反映购买者独特审美、爱好、个性、身份、背景的多元化产品。事实证明，文化创新性越多的产品，越受到消费者的欢迎，可占据更多的市场份额。

(2) 自然元素越来越重要。从行为与行动的从属性看，“一个活动，如果它表现为以可能的方式去达到某种结果，那么它是一个行动；如果表现为以被允许的方式去行动，则是一个行为。一个人的行为是束缚社会意识规范意义的行动，因此它反映了人类对自我身体机能、文化精神和社会活动观的价值取舍。”当代社会，人们更加注重感官体验以及贴近自然的生活方式，绿色环保的设计越来越受到当今消费者的重视。

(3) 参与式设计成为主流。随着生活节奏的加快、信息科技的发展，人与人之间面对面的交流越来越少，因此有关怀感的标识性文化符号受到设计师重视，参与式设计成为文旅产品发展的主流。例如，喜欢收集品牌篮球鞋的群体“鞋帮”，喜欢收集动漫周边产品的群体“漫友”等，显示出不同的消费群体对象征意义和群体归属感的追求。

(4) 移动互联技术的应用。移动互联、虚拟体验已经成为时尚产品的特征之一，数字化、智能化、模块化更多地融入文旅产品的表达之中。传统文化的表现形态、制作模式、传承方式也将越来越多地受到信息科技的影响。

(5) 注重产品外在和内涵的统一。一件优秀的文旅产品，其外在的造型和色彩要和内涵中的文化品位和人格属性相统一。文化品位和人格属性的内容属于设计人类学的研究范畴，是未来设计师不可忽略的知识。作为文旅产品的人造物象，不仅是客观存在的物质产品，更是人类人格的物质化产物，反映不同地域的社会文化活动特征。地域文化是一代传向下一代、适应社会发展的共有价值。

(6) 注重时尚感和趣味性。时尚感和趣味性都是能使人感到愉悦的内容。情感愉悦是人类最普遍、最本质的情感诉求，亲和、幽默、愉快的情感体验作用在于打破思维逻辑，形成一种意识形态、审美品质的重叠、穿插。在创新设计时恰当合理地运用时尚、趣味元素，有利于激发受众潜在的情感诉求，带给受众更多的身心愉悦的享受，从而影响其最终购买决策。

图 2　“第一铅笔＋豫园石狮”　设计：孙亚楠

第三节 关于品牌与 IP

在艺术文创市场上，品牌和 IP 的塑造显得越来越重要。在阿里和京东，有如“天猫新文创”计划，更多的是提供新平台、联合新力量，售卖“产品”；而在腾讯、网易、故宫文创等方面，则更多地强调 IP 授权，联合创造新 IP，并推进新 IP 的商业化落地。

品牌和 IP 意味着市场价格。根据经济学理论，商品价格的基础是价值，价格是价值的货币表现，因此，文旅产品的任何价值的变化都会影响其价格的变化。产品是由符号表现及符号内容构成的，例如不同的材质、色彩、结构，不同文化背景下的社会价值认同以及印象、感受就形成了“品牌性”以及“IP 特征”。

从某种意义上来说，品牌和 IP 就是市场的核心竞争力。如美国运动品牌耐克，给消费者的印象是科技、运动、胜利；法国奢侈品牌路易·威登，则给人以奢华、耐用、设计优雅等印象。从产品的销售达成环节上看，以前单一的商品买卖过程已经改变为消费享受和消费意义。品牌和 IP 以高质量的产品、高质量的服务、高质量的营销作为产品的价值内涵，一方面加大对固有品牌的保护力度，一方面通过倡导跨界合作、提高生产工艺、改进设计理念、加强市场营销，有计划、有目的的创造新品牌，使其成为艺术文创新市场的“代言人”。

加拿大著名社会活动家娜奥米·克莱恩（Naomi Klein）在《NO LOGO：颠覆品牌全球统治》中提道：“品牌化过程的许多方面都在效仿精神或宗教中探寻真相和启蒙时的仪式。”消费主体在进行消费的过程中，不自觉地进行着信息符号的传递。文旅产品具有广泛社会认同的文化意涵、审美特征、民俗信仰，成为各种社会文化信息交流的重要介质。同时，作为一种符号形式，也体现着特征与象征一体的辩证统一关系，能显示出各项投入后价值的增加，以及由增值活动画出的 U 型价值曲线。我国经济学家吴敬琏认为，随着时间的推移，这条曲线会越来越弯，“微笑曲线的中间部分是加工组装，翘起的部分一端是设计研发，另一端是品牌营销”。

在品牌与 IP 建设过程中，构建鲜明的品牌符号特色，显得尤为重要。作为形成品牌视觉形象的基础，品牌符号是品牌价值的直观体现，一般都呈现轻松、愉快的风

图 3　“生态之源”系列　设计：郭威

格。一种易于认知的品牌形象，比较容易实现旅游纪念品的品牌构建。如蓬皮杜艺术与文化中心的艺术衍生品设计，多借鉴艺术中心展出的设计作品，自由、个性、多元、色彩艳丽，多是设计师潜意识和心理、情感的自然流露，它营造了一种参与设计活动的艺术氛围和展览效果，注重受众的文化体验，情感、文化价值远远大于实用价值，这也和创始人伦佐・皮亚诺（Enzo Piano）和理查德・乔治・罗杰斯（Richard George Rogers）的设计初衷相一致：“这幢房屋是一个灵活的容器，又是一个动态的交流机器。它构建高质量的提供和完成，直接贯穿传统文化惯例的极限，而尽可能地吸引观众。”

第四章

艺术文创的未来

第一节 什么样的需求才是真正的需求?

文旅产业建构在新时代的社会需求之上，其真正的产出需要靠文旅产品创新过程中的不断实践。文旅产品的消费多产生于文化旅游活动过程中，时尚的商品以新创的形式结构和人们的思想、感情活动产生关联，使消费者的情感体验得以对象化、具体化，最终其文化内涵被受众认同并购买，市场价值得以实现。

文旅产品的市场价值，包括所承载的文化性格、文化精神、文化气质、文化态度、文化习俗，通过意识主体的加工、渲染，更加生动、活态化地传递给消费接受主体，从而达到更易被亲近、被接受的目的。应在消费完成的过程中，减少被动营销的传统方式，增加游客的体验感、参与感，使游客变被动为主动，对地域文化获得更深刻的体验和感受，形成一种合理的、正确的需求。

从消费心理学的角度出发，对游客购买心理及消费行为进行系统分析，设计出立足于消费需求的文旅产品系统，从一件到一个整体都能满足消费者的情感诉求，这才是文旅市场真正的需求。

第二节　文化创新和审美目的

文化创新和审美不仅仅是为了促进人文发展和市场需求，更多的是为了反思自我、沉淀美好，需要内容生产者、创意实现者、产品营销者、综合管理者等多方面的共同努力。越来越多的文创企业和文创参与者对跨界合作以及宣传保持更加开放的态度，越来越多的艺术文创成果正在逐步转化为更易于公众接受的样式，更加强调其整体性，以逐渐获得大众的认同。

图 1　校庆礼品系列　设计：孙东源

第五章

2020年中国文化消费投资发展

转引自中国人民大学创意产业技术研究院
和建投华文投资有限责任公司

随着我国经济从高速增长向高质量发展迈进，经济增长的动力格局发生了重大变化，消费已经成为拉动我国经济增长的第一动力。时下，新技术加持下的文化消费对推动国民经济转型升级、提升国民幸福感具有重要意义。在此形势下，中国人民大学创意产业技术研究院和建投华文投资有限责任公司联合发布了《中国文化消费投资发展报告（2020）》。本报告是首部反映文化消费行业发展与投融资情况的报告集。报告分为“总报告”“文化企业篇”“投资企业篇”三部分，从政策分析、行业发展、投融资表现、文化企业案例、投资企业案例等方面进行了深入剖析，对于全面了解我国文化消费行业发展和投融资状况具有重要意义。中国人民大学创意产业技术研究院作为国内最早研究文化消费的专业学术机构之一，依托人大优势学术资源，参与大量文化消费课题研究和标准制定。建投华文投资有限责任公司长期专注于文化传媒、消费品及服务等文化消费领域的专业投资和运营。

第一节　文化消费业态表现和特征趋势

从文化消费行业发展来看，2019 年整体呈现平稳发展态势，个别行业发展势头迅猛、表现亮眼，文化消费产业不再一味依赖人口红利，各细分领域发力优质内容创作和模式创新，进一步进行结构调整和产业升级。

一、数字文化全球化布局格局初现，机遇与挑战并存

1. 短视频和游戏行业积极开拓海外市场，成为文化“出海”的排头兵

2019 年全球最受欢迎的 5 个 app 中，抖音海外版 TikTok 高居第二，年全年下载量超 7. 38 亿次，击败 Facebook 和 Facebook Messenger 成为 2019 年下载量第二大的应用程序。国内短视频行业的另一巨头快手也在积极谋求国际市场。游戏产业在国内不断发展的同时，也积极拓展海外市场，成为我国文化“走出去”的重要载体。其中手游“出海”占网络游戏“出海”收入比重过半，中国游戏市场已从 PC 游戏时代的跟随者变成移动游戏时代的先发者。

2. 影视剧“出海”呈现内热外冷态势

国产电影“出海”效果不佳，票房和口碑表现与国内市场差异巨大。电视剧“出海”初见效果，精品网剧或将成为“出海”新趋势。

3. 数字文化“出海”之路困难重重

受地缘、经济、文化、政治等因素的影响，目前中国文化“出海”依然面临许多挑战。文化“出海”企业在实际业务中会遇到国际关系、贸易政策、知识产权保护和其他“出海”地区地方法律和政策等问题。2020 年 7 月，印度政府决定禁止在该国使用 TikTok、微信、UC 浏览器等 59 款中国公司研发的手机应用程序，封禁名单中 TikTok 和 Helo 均为字节跳动旗下产品，据悉，过去几年字节跳动在印度的投入超过 10 亿美元，如今在印度市场旗下产品全部折戟，导致的损失或超 60 亿美元。TikTok

更是遭到美国政府全面围剿，美国总统特朗普在2020年8月3日的最新表态称，不反对微软或其他美国公司收购TikTok，如果TikTok不能在9月15日前完成出售，将在美国遭到封禁，并且如果TikTok成功出售，美国政府还应该得到一部分报酬，“因为我们让这个交易能够进行”。国际关系和局势的瞬息万变给中国企业和文化软实力的输出之路带来了更加艰巨的挑战。

二、“Z世代”渐成主力消费群体，或为未来的增量市场

根据联合国人口调查统计，“Z世代”人口在2019年占据全球总人口的32%，在中国这一数字约为22%。随着“Z世代”迅速融入主流社会，正逐渐成为社交媒体上最活跃的力量和国内消费市场的主要群体。

2019年网易云音乐新增用户中有85%是95后，独立原创音乐人95后、00后占比达60.3%，在活跃用户中95后占比超过60%。青年用户群体对音乐风格的包容性更高，对客户端的创新功能接受更快，对音乐的消费意愿也更为强烈。90后和00后已成为演出消费的主力军，2019年占观演用户群体比例达61%，其中，95后购买力持续增长，00后更偏爱演唱会。

在互联网环境中成长的数字化原住民“Z世代”，其独特的时代特征和群体特性将形成新需求、新文化，从而催生出与之相匹配的新经济趋势，或将成为国内文化消费的未来导向。

三、传统传媒载体发展势艰，新兴业态引领趋势

1. 数字出版迎来新格局

2019年报纸和期刊市场规模进一步减小，数字出版行业继续保持快速发展的趋势，新技术应用场景扩大，与各类线上平台的合作模式越来越清晰，体系化发展态势明显。

2. 影视剧新兴播出渠道发展迅猛

传统有线电视用户流失严重，IPTV和OTT可开拓市场潜力巨大。网络独播剧渐成各视频平台主流，2019年独播剧数量占62%，连续多年超过联播剧。

3. 传统广告下降明显

受“直播 +”、短视频等新型营销模式的冲击，以报纸、杂志、电视为代表的传统媒体广告吸引力在不断下降，2019 年广告市场发展不尽如人意。截至 2019 年前三季度，中国广告市场整体下滑 8%，传统媒体、传统户外广告刊例下降明显。

4.“直播＋”催生多元内容生产和营销生态

与传统广告势弱相对的是直播带货的渗透率已经处于较高水平。人们越来越倾向于选择更直观、更短时、更快速的信息接收方式，广告主们也在积极转变营销模式拥抱这一变化。各大平台共享风口，不断进行战略调整，积极探索新的“直播 +”模式，通过与其他行业融合拓展更多业态，发力布局电商、游戏、综艺、教育等多元内容生态，进一步挖掘下沉市场，以更垂直、更精细化的产品模式深耕存量市场，满足不同用户的个性化需求。

四、文化产品提质减量，以精品化艺术化内容拉动市场发展

1. 电视剧行业进入冷静期，盲目投资逐渐退潮

市场环境逐渐优化，更注重文本内容的创作质量与创新路径。2019 年全国电视剧拍摄制作备案公示剧目数量、剧集储备数量、上线总量和 IP 剧数量均有较大程度的减少。相应的 2019 年头部剧集评分均值整体上升，更出现了多部高口碑、高收视的爆款作品。

2. 电影市场同样迎来了优质内容话语权回归

纵观 2016—2019 年年度票房 top 10 电影豆瓣评分平均分逐年走高，口碑与票房逐渐成正相关趋势。

2019 年我国电影市场头部 top 5 电影票房集中度首次突破了 30%，流量为王转变为质量取胜，观众更愿意为优质内容买单，劣币驱逐良币不再是大概率事件。

3. 游戏的文化属性被进一步激发

游戏产业增速逐步放缓。在经历 2018 年游戏版号暂停审批之后，游戏产业内部也进行了自我调整，游戏制作开始向精品化、艺术化发展，高质量原创游戏成为游戏企业的发力点。

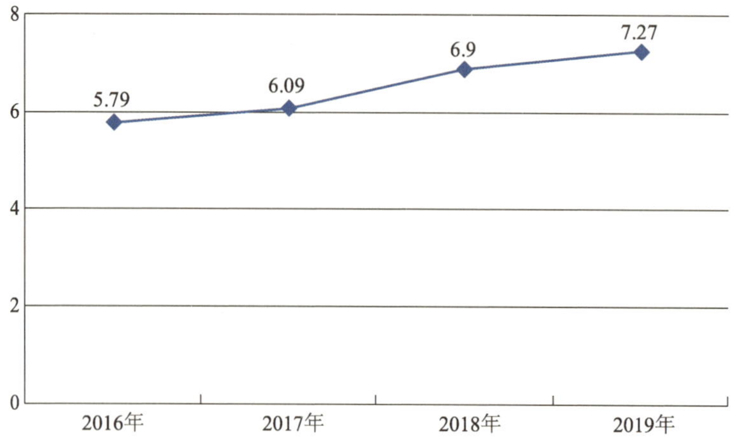

图 1　2016—2019 年年度票房 top 10 豆瓣评分平均分

五、政策监管和市场自律双管齐下，营造更好的产业环境

自 2016 年起，监管层加强对网络剧、微电影、网络大电影的监管，出台一系列通知，对网络视听节目的创作和播出提出进一步要求。各平台积极响应，进行自查自整工作，行业逐步走向规范。

游戏产业的快速发展，使如何防止未成年人游戏沉迷成为社会热点。在国家层面，2018 年国家新闻出版署、教育部、国家卫生健康委员会、国家体育总局等八部委共同印发《综合防控儿童青少年近视实施方案》，2019 年 10 月国家新闻出版署发布《关于防止未成年人沉迷网络游戏的通知》。各游戏企业积极响应政策要求，通过技术手段和模式创新，逐步营造出一个健康积极向上的游戏环境。

第二节　重点行业发展情况

一、数字出版引领出版产业升级

传统出版整体保持稳中有进。报纸和期刊市场规模减小，但图书市场规模保持持续增长，首次总规模突破千亿，达 1 022. 7 亿元，同比增长 14. 4%。

数字出版不断加强与技术的融合，产品体系化发展态势明显。2019 年我国数字出版行业继续保持快速发展的趋势，数字阅读市场规模达 204. 9 亿元，同比增长 22. 4%。在 5G 技术即将落地的大背景下，文字、音频、视频、AR/VR 等各种内容的产品形态的统一布局将成为数字出版升级的方向。

二、电视行业在监管加强与激烈竞争中前行

1. 电视剧进入“品质上行，数量下行”阶段

剧集数量整体减少，头部剧评分均值上升，“现实主义”“守正出新”“新用户思维”是 2019 年国产剧市场的三大关键词。

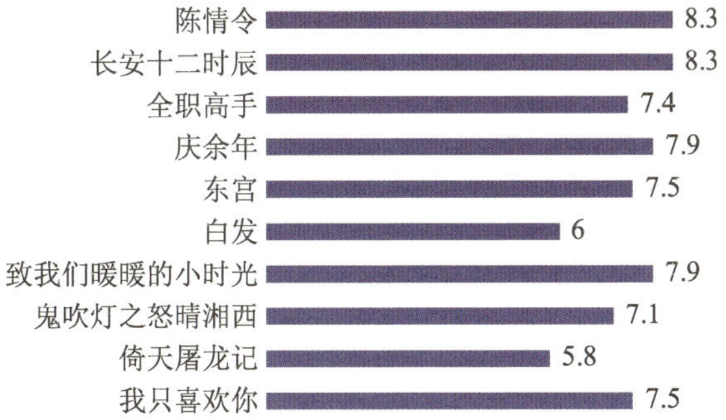

图 2　2018/2019 年播映指数 top 10 网络剧豆瓣评分

2. 播出渠道竞争加剧

2019 年第三季度，我国有线电视用户总量净减少 664.4 万户，降至 2.12 亿户，有线电视在中国家庭电视收视市场的份额降至 47.43%。截至 2019 年底，全国 IPTV 用户数量达 19 404 万户。2019 年我国 IPTV（网络电视）业务收入达 294 亿元。2019 年，52%以上的中国家庭通过 OTT 设备观看电视节目，OTT 覆盖用户数超过 6.11 亿人。

2019 年的两部现象级爆款网剧的付费超前点播引起热议，视频平台虽然获利不少，但是这种引起观众巨大负面情绪反弹的“一锤子买卖”并不是一个长期适用可行的盈利模式。面对内容成本居高不下的难题，互联网视频平台还需要寻找更为健康且多元化的盈利模式。

三、优质内容拉动国内电影市场

1. 大众观影取向逐渐趋于成熟

2019 年度全国电影总票房 642.66 亿元，同比增长5.4%。2019 年我国电影市场头部 top 5 电影票房集中度首次突破 30%，过去那种口碑与票房严重倒挂的怪象正逐渐扭转，中国电影市场正在走向健康发展。

2. 三大档期占据全年票房的半壁江山

观众更倾向于在假期时间段内集中观影，形成春节、暑期、国庆三个重要的票房档期，档期票房明显高于非档期票房，2019 年三大档期票房已达全年票房的 44%。

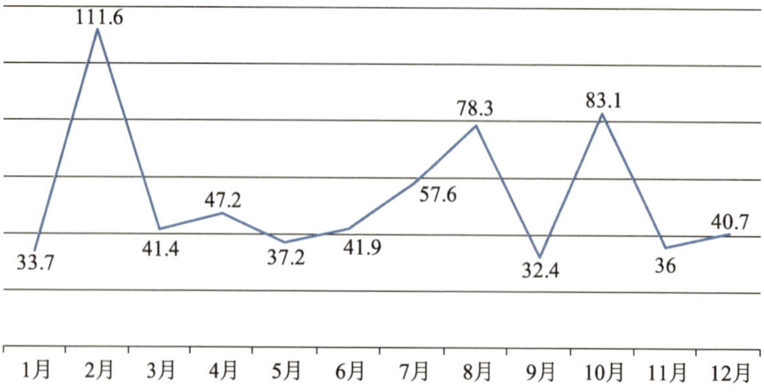

图 3　2019 年中国高票房国产电影影响因素：档期（单位：亿元）

3. 网络大电影市场供给方在沉淀期的理性回归

从上线数量看，2019年网络电影上线量789部，同比下降49%，播放量稳中有升，同比增长24%。从制作成本看，2019年网络电影投资成本整体上涨，成本不足100万的网络电影占比已经从2017年的49%压缩至12%。

四、网络视听行业加速融合与下沉

1. "直播＋"带动内容升级

2019年电商直播总规模达到4 400亿元。2019年上半年每周至少看一次直播电商的用户比例高达71%，每天观看直播电商的用户比例达到25%。直播+游戏方面，以斗鱼为例，App月活跃用户从2018年6月到2019年6月份实现24.2%的激增。B站、百度贴吧、网易云音乐等内容平台和各类短视频平台均增加直播类内容模块，以丰富业务类型，增加用户黏性。

2. 短视频，迅速发展的新流量池

2019年短视频月活跃用户数达到8.21亿，同比增长32%，2019年短视频用户使用时长也首次超过长视频。面对短视频带来的巨大流量，一方面短视频从业者生存环境变得更加优质广阔，另一方面MCN机构的竞争也在加剧。

五、音乐产业走向内容付费的良性循环

据《2019中国音乐产业发展报告》统计数据，2018年中国音乐产业总规模达到3 700多亿元，根据中商产业研究院预测，2019年中国音乐产业总规模将超4 000亿元，较2015年增加1 000亿元。

2018年中国2C端的数字音乐平台收入达到76.3亿元，其中近60%来源于用户付费收入，2019年用户付费收入预计可达58.7亿元。2018年我国数字音乐付费用户渗透率已达5.3%，2019年预测可达6.3%，目前来看我国数字音乐付费用户潜力巨大。

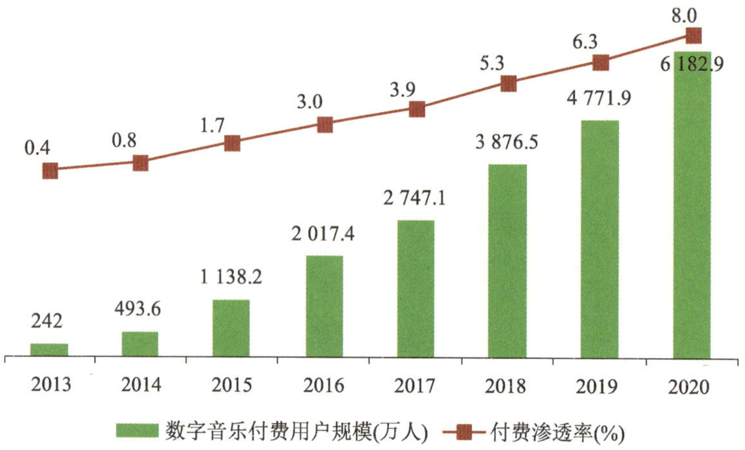

图 4　2013—2020 年中国数字音乐付费用户规模及渗透率

六、游戏产业内部提升与海外布局双轨并行

2019 年中国游戏产业发展整体平稳向上，中国游戏市场实际销售收入达2 308. 8亿元人民币，较 2018 年增长了 164. 4 亿元人民币，涨幅 7. 7%，游戏产业继续保持增长态势。

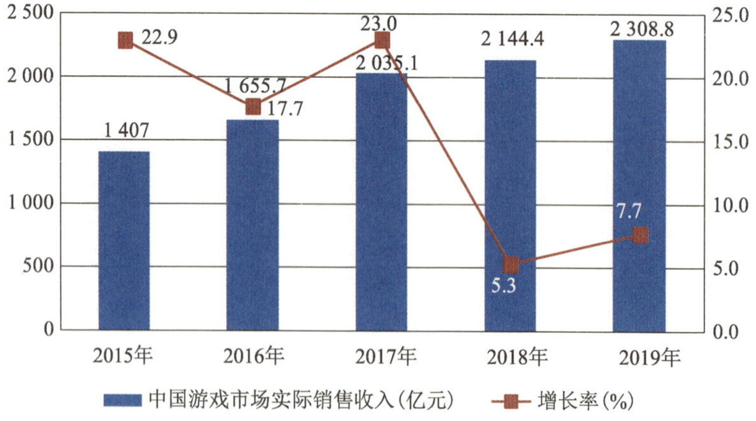

图 5　中国游戏产业市场发展态势

美国、日本和韩国是中国游戏产业“出海”的主要国家，市场实际销售收入占总体份额的 67. 5%。在游戏类型上，角色扮演类、策略类、MOBA（多人即时战略）类和射击类在国际市场上表现不俗。SensorTower 公布的 2019 中国手游收入 top 30 全年榜单中，腾讯出品的《PUBGMOBILE》（和平精英国际版）、莉莉丝出品的《万国觉醒》、网易出品的《荒野行动》位列前三。

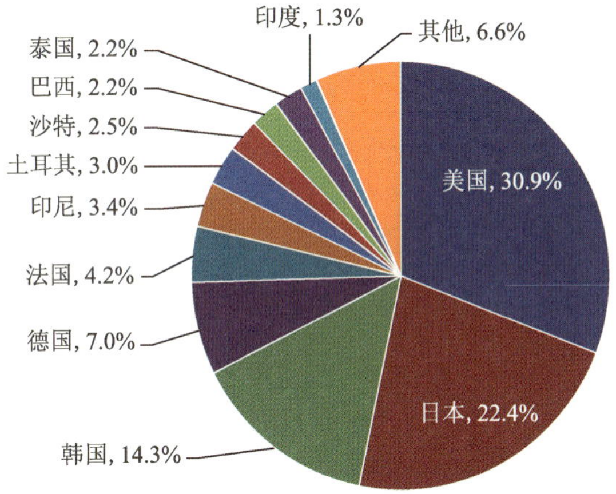

图 6　中国游戏产业“出海”国家分布

2019 年中国电竞游戏市场收入 947. 3 亿元，较 2018 年增加 112. 9 亿元，涨幅达 13. 5%。

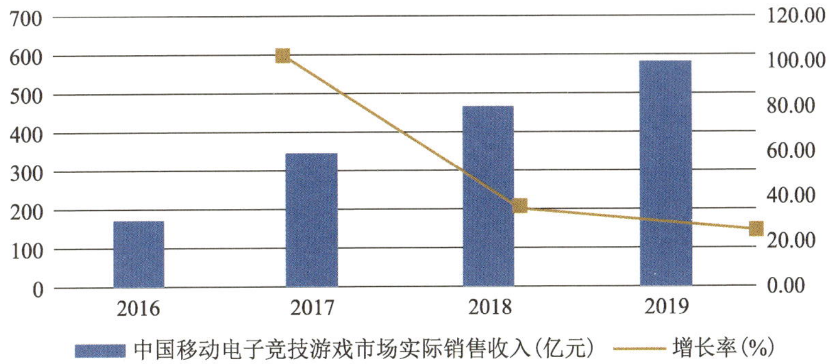

图 7　中国移动电子竞技游戏市场实际销售收入及增长率

七、动漫产业崛起之路日渐清晰

2013—2018 年我国动漫产业产值总体呈上升趋势，2018 年我国动漫产业产值为 1 712 亿元，初步估计 2019 年我国动漫产业总产值将达到 1 941 亿元。

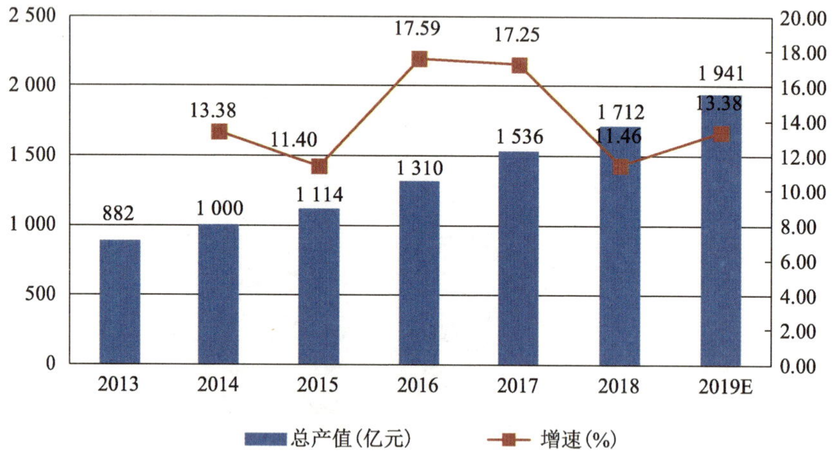

图 8　2013—2019 年中国动漫产业总产值

2019 年国内共生产了 51 部动画电影，共有 1 部动画电影票房过 10 亿，3 部过 5 亿，16 部破亿，17 部超过 5 000 万。其中《哪吒之魔童降世》创造了中国动画电影票房纪录，以 7 亿美元的成绩位居 2019 年全球票房榜第 11 名，并成为中国电影票房第二。

八、演艺市场多点绽放，形式创新

2019 年演艺行业整体蓬勃发展，演出票房达到 200. 41 亿元，同比增长 7. 29%，票房增速赶超电影市场。从消费结构来看，中国观演人群已呈现“低频次、高单价、稳输出”的消费特征，各年龄层和地域分布的观众的观演取向正逐渐清晰。2019 年全年演唱会、音乐节票房收入 42. 59 亿元，同比上升 6. 88%，总场次超过 2 000 场。2019 年旅游演出收入增幅最大，同比上升 9. 58%，票房收入达 73. 79 亿元。

九、旅游行业步入文旅融合快车道

2019年国内游客突破60亿人次，比上年增长8.4%，国内旅游收入57 251亿元，增长11.7%。

随着居民收入的提高，选择出境游的中国消费者日益增多。在新一轮消费升级的大背景下，消费者对旅游产品的个性化需求越来越旺盛，自由行成为消费者的重要选择；文化体验成为消费者旅游途中的重要组成。

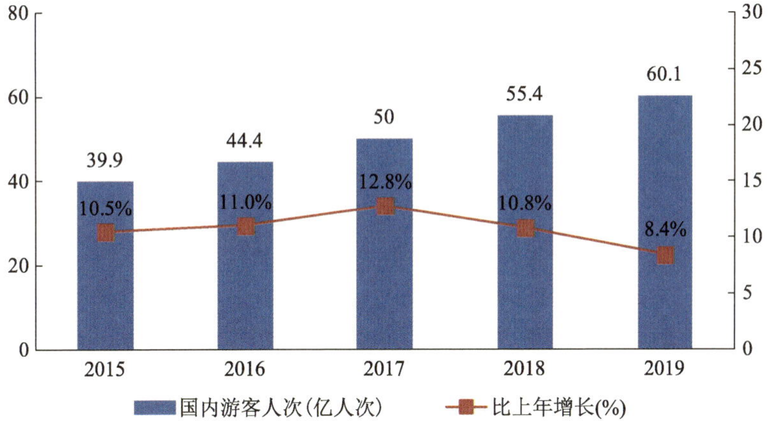

图9 2015—2019年国内游客人次及其增长速度

十、广告行业面临新数字营销方式大冲击

1. 中国广告行业进入调整期，传统广告下降明显

2019年前三季度，传统广告刊例同比大幅缩减，报纸广告刊例下降达27.4%，电视和广播分别下降10.8%和10.7%，杂志下降7%。

2. 互联网广告增速放缓

2019年我国互联网广告总收入约4 367亿元，比2018年增长18.2%，增幅较2018年同期下降近6%。电商平台仍是互联网广告最主流的发布渠道，占总量的35.9%；搜索广告市场下降明显，视频平台广告收入增长快速。在视频平台广告中，移动端广告贡献巨大，这与我国近几年移动通信技术发展快速、智能手机大面积普及、移动视频业务不断增长一致。

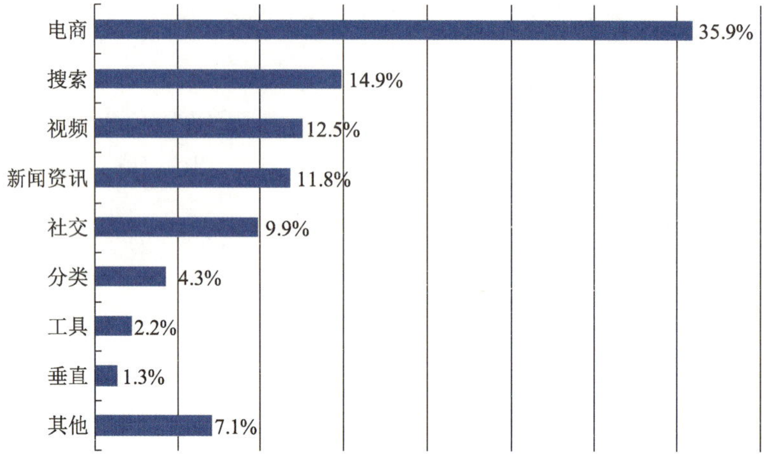

图 10　广告媒体平台类型占比

第三节 2019 年文化消费行业投融资情况

一、二级市场：传媒板块企稳回升，游戏和出版发行盈利能力强

2019 年为传媒行业 2016 年以来数年深度调整后首次年累计获得正涨幅，尤其进入 2019 年末行业二级市场表现回暖明显。

截至 2019 年底，除院线及数字阅读板块外，传媒各细分子板块年内区间流通市值加权平均涨跌幅均为正，其中动漫、互联网板块领涨。相较 2018 年区间流通市值加权平均涨跌幅，今年各细分板块涨跌幅表现明显更优。

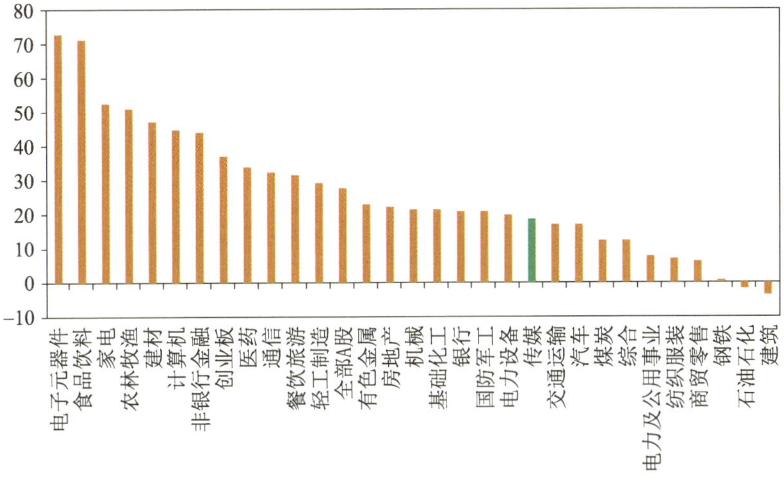

图 11 带动板块行情提升

传媒行业在经历 2016 年以来的估值调整后，板块估值处于低位，安全边际较大，且 2019 年下半年以来行业监管政策趋向平稳，5G 等技术为内容等应用层面带来新的发展预期，带动板块行情及估值提升。部分龙头公司在此行情中估值较年初水平也有所提升，龙头内容公司凭借制作、研发、资源、人力等优势以及在资金、规模等方面更具实力，在行业洗牌中更易提升话语权，头部优势巩固，也应享有更高的估值溢价。

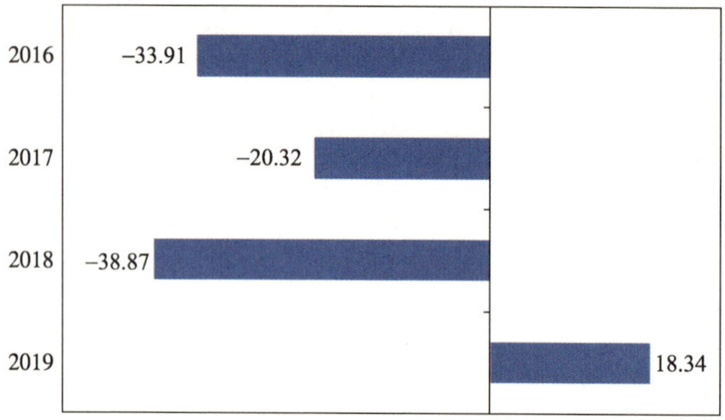

图 12　2016—2019 年传媒行业年涨跌幅

资料来源：Wind，建投华文研究部整理

上市公司业绩方面，根据山西证券研究所对传媒行业 139 家上市公司前三季度业绩进行统计，2019 年前三季度，传媒上市公司合计实现营业收入 4 368. 77 亿元，同比增长 3. 17%，实现归母净利润 341. 77 亿元，同比减少 21. 23%。子板块业绩方面，营销与互联网板块前三季度营业收入规模均超千亿，归母净利润规模则是游戏与出版发行行业居前。增速方面，游戏与互联网板块前三季度营收增速居前，但归母净利润增速仅报业与出版发行板块前三季度维持同比增长。

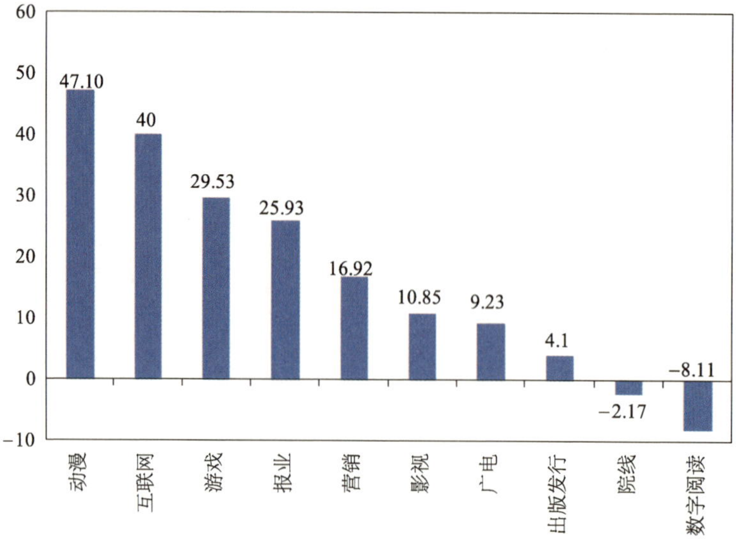

图 13　传媒细分子行业 2019 年内区间涨跌幅

资料来源：Wind，建投华文研究部整理

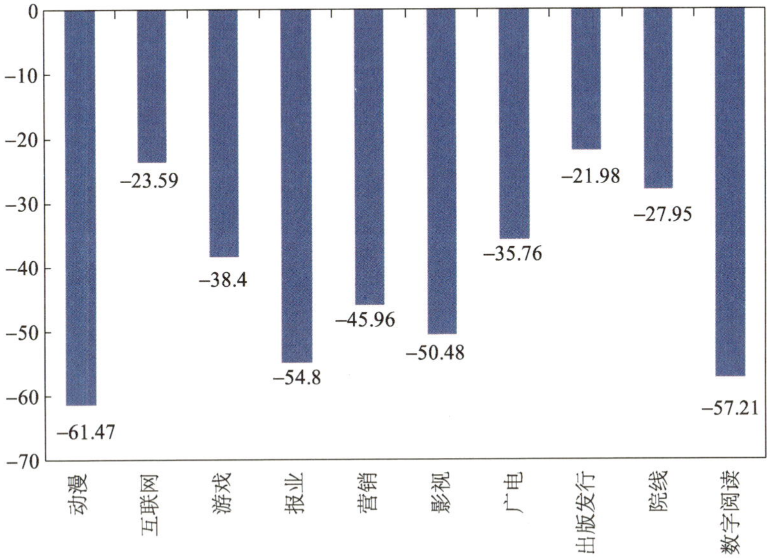

图 14　传媒细分子行业 2018 年内区间涨跌幅

资料来源：Wind，建投华文研究部整理

表 1　2019 年前三季度传媒细分子行业业绩情况

	营业收入（亿元）	归母净利润（亿元）
游戏	540.77	110.41
出版发行	771.04	93.12
营销	1 195.23	47.24
互联网	1 125.49	30.16
广电	252.17	24.21
院线	242.21	21.56
影视	151.96	11.47
动漫	35.52	2.27
报业	35.51	2.17
数字阅读	18.87	−0.84

资料来源：Wind，山西证券研究所，建投华文研究部整理

二、一级市场：互联网大厂布局，媒体和影视为最受关注的赛道

2019 年文娱领域排名前 10 的投资机构中，腾讯、阿里、字节跳动、bilibili 和百度五家互联网大厂的投资数量远超 IDG、启明创投等投资机构。互联网大厂本身在各自赛道优势明显，为项目提供的不仅仅是资金，还有流量、生态等一系列资源，投资变成双赢，对于项目方更具有吸引力。

从细分领域来看，2019 年，媒体以 88 起投资的数量位居第一；影视、动漫、线下娱乐分别以 55 起、49 起和 39 起位列第二、第三、第四位。后面依次是教育（文化培训方向）(37 起)、短视频（36 起)、游戏（28 起)、直播（26 起)、视觉技术（12 起)、音乐（11 起)、艺人经济（11 起)、版权（11 起)、网文（9 起)、出海（8 起)、体育（7 起)、虚拟现实（6 起)。

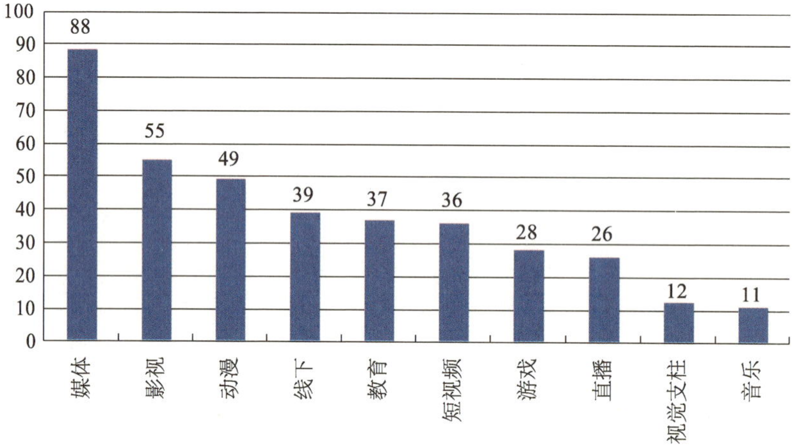

图 15 2019 年文娱行业投资前十大细分赛道

资料来源：华兴资本，建投华文研究部整理

三、并购市场活跃度持续降低，腾讯加大对文娱/内容投资

2019 年并购市场活跃度持续降低，交易金额及交易数目等各项指标均有下降，大型交易数量也在减少。

2018 年下半年以来，并购重组与再融资的监管政策逐步放宽，以期推动 A 股并

购市场回暖。但一方面，在整体市场悲观情绪影响下，买方态度相对谨慎，另一方面，优质标的更倾向于独立发展，尤其是科创板的出台为优质企业登陆国内资本市场带来了新渠道。2019年A股TMT并购市场依然处于低迷态势。2019年互联网巨头出手相对谨慎，但仍然是TMT行业并购及投融资交易的主要资金方。BAT等互联网巨头在保持对热点领域持续跟进的基础上，围绕自身的业务优势进行生态布局，科技、金融、文娱/内容、电商/零售等板块仍是2019年互联网巨头关注的焦点。

第四节　2020 年文化消费行业政策趋势展望

一、政府补贴+模式创新推动电影市场回暖

受新冠疫情影响，国内影院停摆数月，众多影片未能如期上映，但电影产品的潜在消费需求量却很大。国家电影局发布的《关于在疫情防控常态化条件下有序推进电影院恢复开放的通知》对电影播放时长、排片、上座率等都有限制，众多电影院仍不开业或亏损营业。因此，预计尽快回暖电影市场会成为政策发力点之一，具体做法可能包括：**一是相关政府部门通过补贴电影院、降费减税以及发放线上观影券等方式，促进电影市场尽快复苏。二是鼓励新发行模式，增强抗风险能力**。无论是国内的《囧妈》对春节档发行模式的突破，还是国外的 Netflix 模式对传统院线的冲击，都在某种程度上表明院线电影“零窗口期”向线上平台转移将是一个趋势。

二、鼓励优秀文艺作品创作播出

国内在努力抗击新冠和实现全面小康期间，涌现了许多可歌可泣的故事，明年还将迎来中国共产党成立 100 周年，文化作品创作积累了大量优秀素材。因此，政府预计将成立专项资金，鼓励和支持围绕疫情防控、脱贫攻坚、建党 100 周年等创作生产优秀影视作品，以振奋精神、鼓舞士气。具体政策可能从以下角度入手：**一是鼓励围绕疫情防控、脱贫攻坚、建党 100 周年等主题创作优秀文化作品，作品形式包括电视剧、纪录片、动画片等。二是通过专项资金鼓励多类型优秀文化作品创作，满足市场上多样化的文化消费需求**。

三、推动运用新基建培育文化传媒行业新动能

新基建涉及的 5G 基建、大数据中心、人工智能等领域与文化传媒行业高度契合，

是未来文化传媒行业提质升级的新动能。因此，为把握新基建带来的关键机遇，政府极有可能将推动新基建赋能文化传媒行业作为政策发力点之一。具体做法可能包括：**一是推动 5G、大数据、人工智能技术在文化传媒产业领域的深度应用，研发设计搭载新技术的文化产品和服务，推动云录制、云演出、云旅游、云逛展等新业态和新模式不断涌现和发展。二是推动传统文化传媒行业运用新技术，进行产业链和消费链的全面优化升级。**

四、鼓励支持数字文化企业海外扩张

目前全球新冠疫情仍然严峻，疫情期间国外互联网用户的网络文化消费需求迅速提升。与此同时，国内网络文化消费用户规模基本趋近顶峰，用户红利拐点将至。因此，国内数字文化企业需要把握当前机遇，调整全球发展重心。预计相关政府部门会因势利导，出台相关政策鼓励数字文化产业积极拓展海外市场。具体措施可能包括：**一是鼓励和引导国内数字文化企业进行海外市场产品的研发推广，提供一定的财税优惠政策。二是对在海外传播中国文化且市场反馈良好的文化传媒创作主体予以奖励。**

五、进一步加强网络文化市场监管和规范

新一代信息技术推动网络直播、短视频、网络游戏等网络文化新业态发展迅猛，随着新技术的演进必将还会催生其他的网络文化新业态。但目前网络文化市场乱象丛生，如网络中虚假信息肆意横行、盗版侵权事件屡见不鲜、网络暴力形势愈发严峻，不利于其长远发展。因此可以推测，未来一定时期内，政府仍然会将规范网络文化行业发展作为重要的政策发力点。具体政策可能包括：**一是完善数字版权保护。鼓励引入区块链、人工智能等新技术加强数字版权保护，同时健全相关的法律法规。二是加强网络文化细分行业监管。**针对网络文化市场层出不穷的新现象、新情况、新问题，强化规范监管和综合执法，促进网络文化产业持续健康发展。

第六章

优秀案例赏析

——郑州樱桃沟中原文化小镇

第一节　古建筑：修复/重建/创新

1. 中原文化小镇
2. 大集古镇
3. 嵩山不一般
4. 罗汉自在堂
5. 唐韵

長安古寨

唐韻

1. 中原文化小镇

让人流连忘返的明清古建，让人沉醉其中的传统文化

位于郑州樱桃沟景区，建业中原文化小镇之一，是由明清古建构成的文化实景业态群。

在建筑特点上，突出了梁、柱、檩的直接结合，大量使用砖石结构，整体呈现形体简练、细节繁琐。

风格稳重严谨，建筑形式精炼。

1）古色绣楼

飞檐上翘，木栏杆典雅精致。古色味道浓郁，古韵气场凝聚。

以全新的视角，解读河南中原文化。把古典建筑、传统文化融合在一起，让传统文化和现代生活产生交集。

2）百戏楼

古色古香，建筑考究。气势宏大，雕饰华丽。

戏房为单檐卷棚式屋顶，戏台为重檐歇山式。

屋脊、壁柱、梁枋、门窗、屏风及其他细小构件上运用雕刻、彩绘、装饰等，细节丰富，充满浓郁的文化气息，承载着中华传统文化的气息。

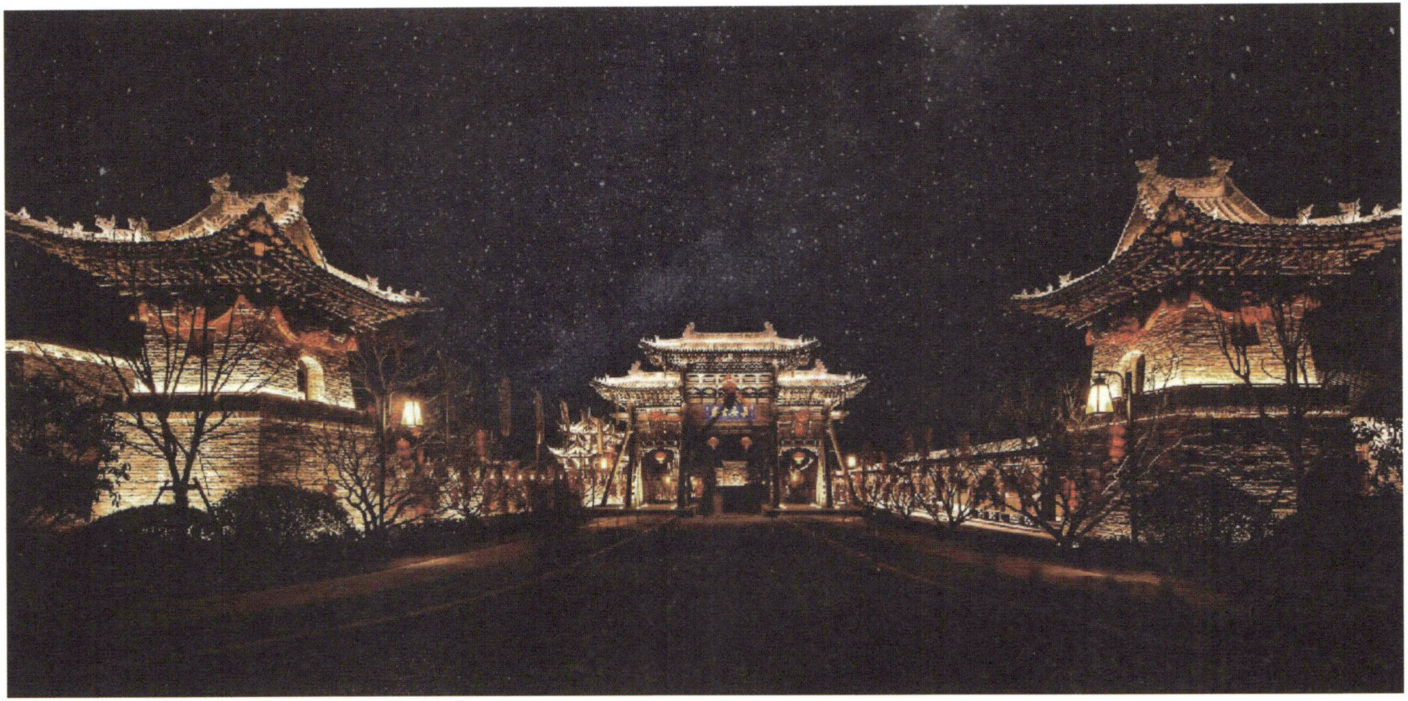

2. 大集古镇

穿越明清古韵，感受中原传统民居文化

将传承数百年的明清建筑进行整体的创新恢复，对原有的细节进行保护性修缮，注重精工细作带来的恢弘气势，再现原汁原味的中原传统民居群落。

这不仅是一种技艺，更是对中华传统文化的尊重、理解和解读，是对古建筑文化新时代生活需求的转化和传承。

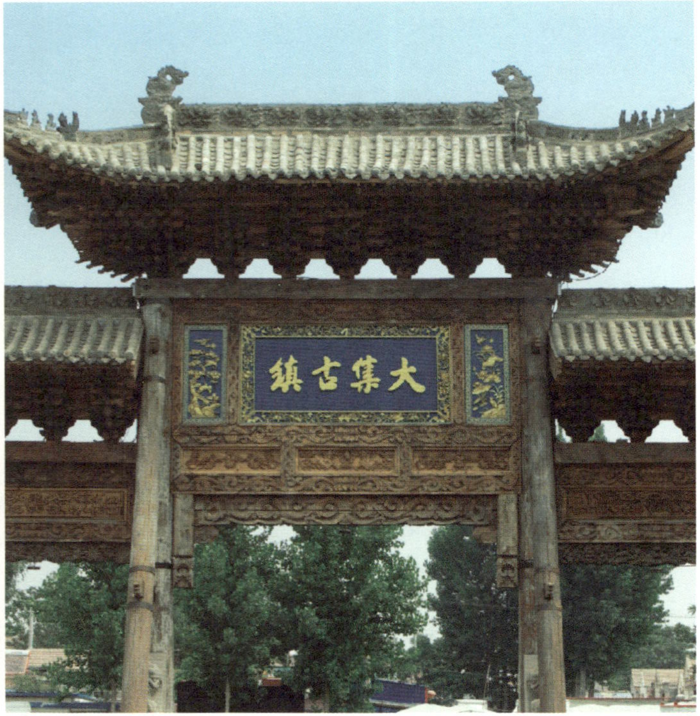
镇古集大

3. 嵩山不一般

以大禹文化为背景的水席特色餐厅
古与今的交融、传统与现代的碰撞

“嵩山不一般”是以大禹文化为背景的水席特色餐厅，位于登封，与武则天登封封禅坛遥遥相对。

设计独具匠心，气象高古。灯光与空间完美结合，场景选择灯光，灯光配合场景，让人感受高雅文艺气息、体验传统民俗风情。

4. 罗汉自在堂

闲云碧水,石雕翰墨,书案香茗,古院苍松
隐于喧嚣,悄然矗立

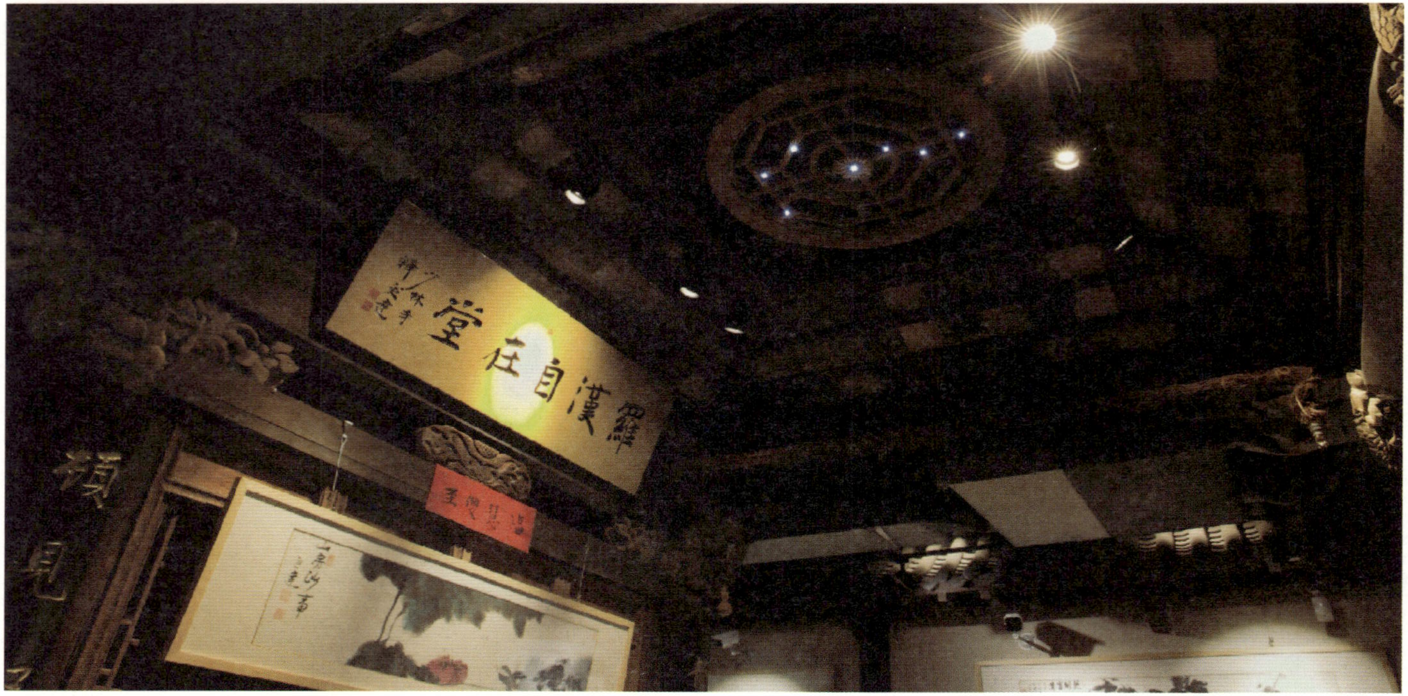
罗汉自在堂

古朴的明清建筑，位于郑州最现代的 CBD 商务圈，依傍在如意湖畔。

罗汉自在堂，沉静、厚重，蕴藏着无限正能量。如同一位静观世态的禅者，遗世独立，与尘世无争，与自然谐和，清静自在。

石雕古朴，翰墨生辉，金丝楠木淡淡生香，古玩珍奇韵味悠长。

5. 唐韵

把古建筑的传统文化融入园林景观

“长安古寨”以唐代中晚期安史之乱为故事原点，呈现了李家王室汴哀王李璥屯驻休养、以利再起的思想和信念，生活兼备防守，民居兼备营寨，千百年来积淀厚重。

有童谣曰：“李氏长安寨，福泽千百代；李氏长安寨，繁华永远在；李氏长安寨，平安千百载。”唐韵悠悠，是设计建造这一文旅景点的又一核心价值。

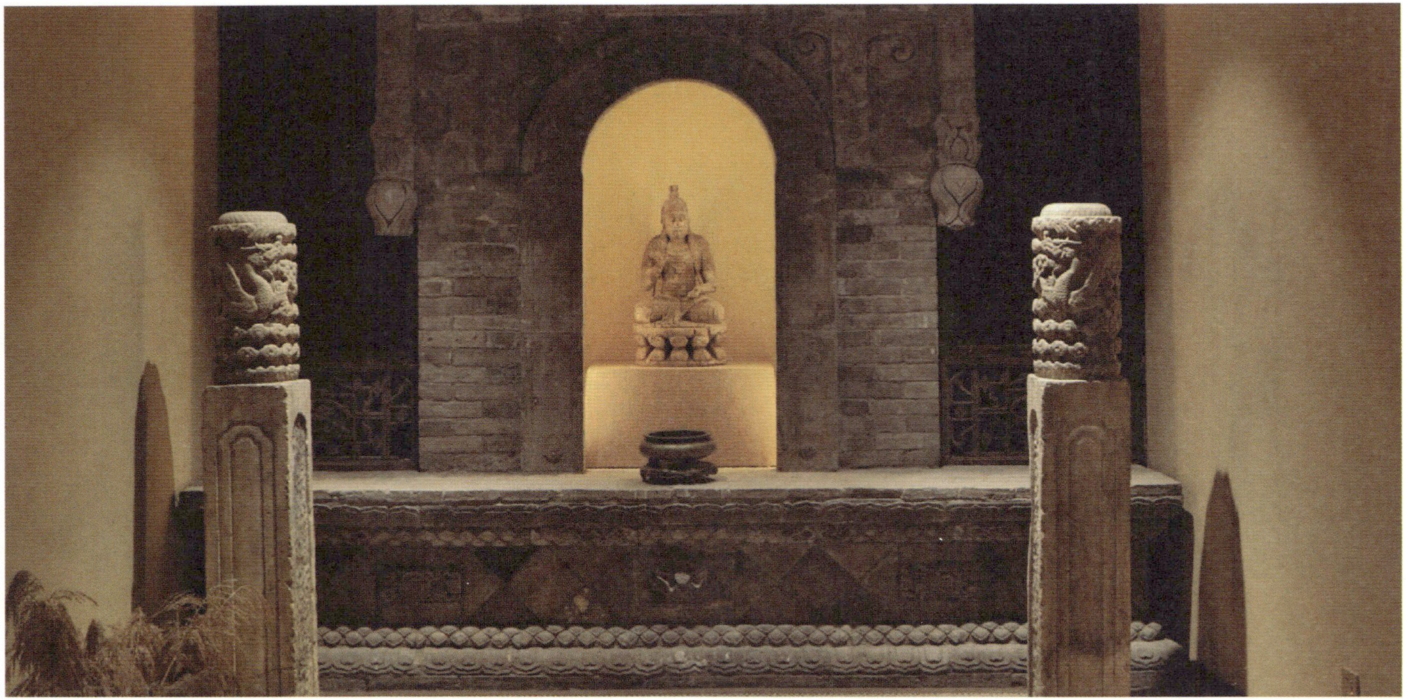

第二节　传统文化、东方美学：传承/复兴/传播/运营

1. 瞻园
2. 怡养谷
3. 静心苑
4. 四合院

1．瞻园

体验式文化馆 + 展览馆
典雅古朴的徽派古建筑

1）徽派古庭院

青砖黛瓦，马头墙层叠错落，是典雅古朴的徽派建筑，加之宋代文化体验馆，形成南北结合、独具特色的小镇亮点。在日常活动中，有点茶、插花、古琴、香道等展演，游客亦可以参与其中，体验典雅古朴的审美氛围。

2）点茶

点茶是宋代的吃茶方式。独特的点茶方式及斗茶风气的盛行，把中国饮茶文化推向前所未有的极致。

点茶过程的仪式感，既在于形式美，也在于茶汤美、茶器美、茶空间美，是捧在手上却又身处其中的多维的美的体验。

3）插花

插花体现了中国人骨子里对美好生活的向往，对优雅情趣的追求，对大自然的喜爱。

在对中国花艺的复古和还原过程中，可以更好地领悟传统文化和古典美学。

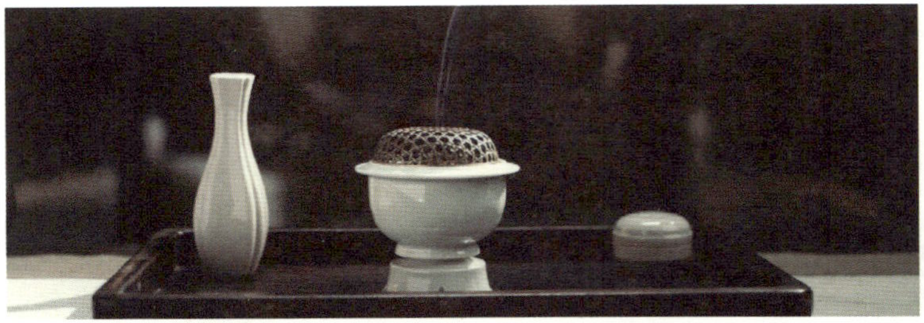

4）香道

焚一炉幽香，品闻草木的自然清气，足以恬淡人心，助清雅之兴。

文人追求高隐之境，以慰藉清净内心。读书、作诗、饮茶、欣赏书画，皆焚香来助幽趣。

5）手工茶果子

茶果子，源于唐朝宫廷，是专为茶事而备的茶点。

在茶事美学的影响下，茶果子制作精细复杂，造型雅致有美感，不只入口细腻，视觉上也十分具有艺术观赏性。

6）华夏古乐

千古乐音中，流露出中国文人的风骨气质。

使用复制的中原上古时期的乐器，把沉寂了千年的音乐文物，与无形的音乐文化遗产相结合进行综合展示，奏出天籁之音。

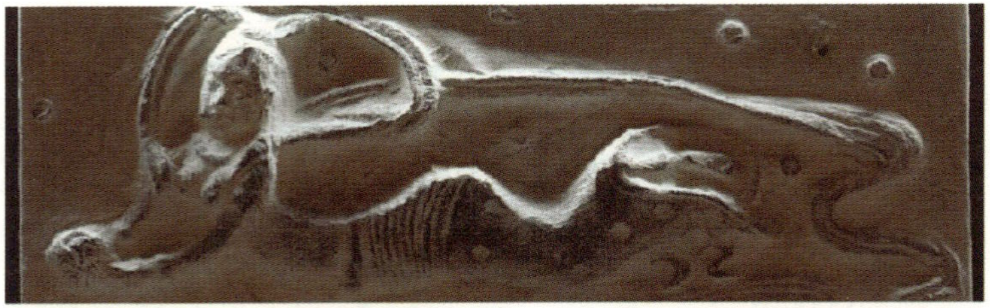

7）金石传拓

金石学是中国考古学的前身。

以儒家思想为背景的礼教美术和以人生享乐为背景的神话美术，凝聚着汉代艺人的惊人想象，其蕴藏的史料价值和艺术价值都值得去保护、传承、弘扬。

2. 怡养谷

依势而建的北方园林

既有江南古典园林之美，又具中原田园牧歌之风格

作为小镇依靠山谷沟渠原有状态创新构建的民居群落，“怡养谷”追求返璞归真的田园情趣，又从中展现极致的园林格调，让游客徜徉其中，忽然发现和谐共生的环境整体。

“怡养谷”追求康养的方向，也与年龄偏大的游客群体需求相适应。

3. 静心苑

独特的中原窑洞民居

竹影婆娑意趣古朴

用大智慧诠释美好生活

静心苑是以传统独栋民居样式打造的养生别墅，稚拙朴素、简单大方，在返璞归真中强调审美的植入，在居住体验中强调科技和舒适感，专为年长的文化追求者打造。

闲住山林、静心归处，在这样交通便利、配套完备的城郊，体验感十足，已经成为较多人群的追求。

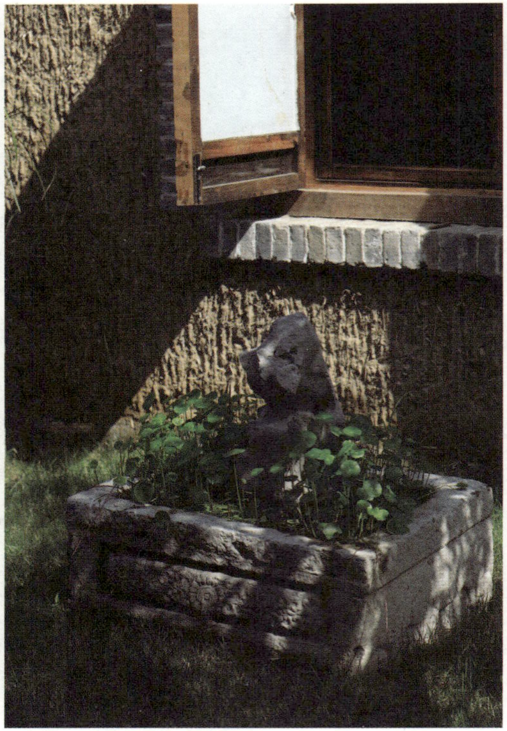

4. 四合院

晋代四合院

将古色古香的建筑和中原文化形态融合为一体

整体采用中国北方传统的建筑工艺，为二进院落建筑形式。

在美学和结构上拥有一种独特的风格，将古色古香的建筑和中原文化形态融合为一体。

能藏萬卷始言富

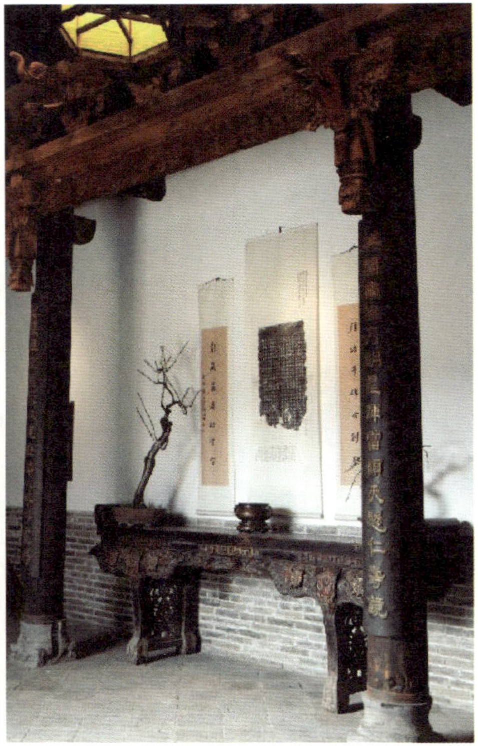

第三节　规划建设中的长安古寨：千年古寨与文化新生

- ◉ 千年唐韵下的酒店式院落
- ◉ 60 个院落中的 60 种文化新生

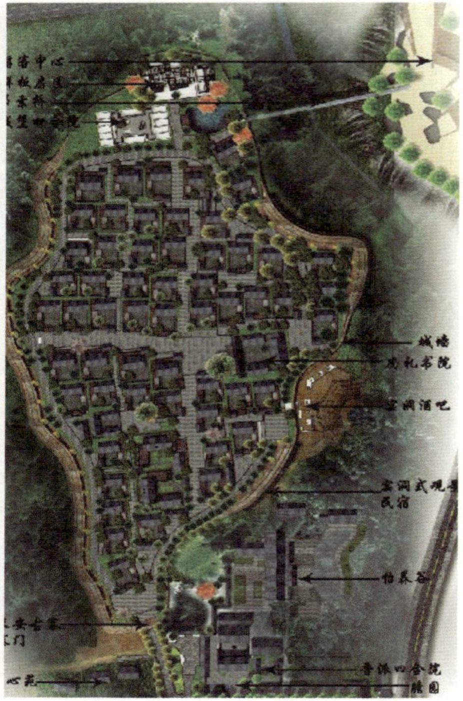
城墙
窑洞酒吧
晋派四合院

结 语

疫情之前，以上海为龙头的长三角文化产业发展极为活跃，积极服务“一带一路”国家战略，强调互联互通，已经形成较为成熟的协作系统。

2017 年 10 月，党的十九大提出“激发全民族文化创新创造活力”“决胜全面建成小康社会，夺取新时代中国特色社会主义伟大胜利”。紧接着，上海印发《关于加快本市文化创意产业创新发展的若干意见》，明确了文化产业发展目标。2019 年 7 月，上海市委常委、宣传部部长、市文化创意产业推进领导小组组长周慧琳在“2019 年上海市文化创意产业推进工作会议”中指出：“文化创意产业肩负着塑造国民素质、建设精神家园、推动社会进步的重要使命，迫切需要我们践行新思想、展现新作为。一要举旗定向领航程，高站位把牢产业发展正确方向。始终坚持正确发展导向。全面提升产业支撑能力。更好满足人民群众期待。二要聚精会神谋发展，高质量抓好产业发展重点。拓宽视野，服务大局；创新创造，以人为本；激活市场，释放活力；打造载体，塑造品牌；凸显特点，差异竞争。三要凝心聚力抓落实，高水准保障产业发展。确保政策见效。营造良好环境。”2020 年 4 月，《2019 年上海文化产业发展报告》发布，报告在分析 2018 年各项数据、总结 2019 年现状特征的基础上，认为上海文化产业在国家战略的引领下实现了高质量发展，优势核心势头强劲、重点产业能级提升，已经成为上海国民经济发展支柱性产业之一。

上海文化产业发展新政实施以来，市区联动密切，在强调文化核心、坚持融合发展，以及文教结合、艺术市场开拓等方面，注重传承与创新，注重文化艺术与社会需求的深度融合，在内容上积极培育新业态，结出了丰硕的成果。同时，文化发展方式也有了较多转变，注重“上海文化”的品牌力量，切实提升了人民群众的文化获得感、幸福感。

疫情以来，文化艺术产业严重受挫，大部分线下活动不得不停止或转移到线上。虽然各级政府及时出台了各种保障措施，给予相关企业、园区减免租金等政策，加大支持补贴力度，但要继续推进产业整体的更高质量发展，提振发展信心，实现“上海文创50条”的既定目标，目前情况下，有几点是非常重要的。

一、坚持深化文化创意高端人才培养，继续推进文化与教育的高度融合

“上海文创50条”提出“优化人才培养和激励机制，依托高等院校设立一批高层次文化艺术人才工作室和紧缺艺术人才创新工作室，支持高等院校、科研院所和文化创意企业联合共建人才实训基地”，这与之前已经连续实施两轮的“文教结合”新机制计划协同互补，支持建设了一批高端文化艺术人才培养平台，培养了一批又一批文化传承创新人才，使得现代文化和教育双向促进，拉动了“教育培养—高端人才—项目成果—社会应用—文化影响”这一完整链条的快速运转。

第三轮《上海市文教结合三年行动计划（2019—2021年）》实施一年多来，项目成果及发展前景清晰可鉴，可以看到：1. 多方优质资源得到整合，高校学科与相关明星企业、行业翘楚等之间实现了较多合作；2. 跨学科融合迅速升级，逐渐形成了较多新的学科方向。编著了一系列教材，建设了一批精品课程，完备的课程体系逐渐形成；3. 体制内教育藩篱得到突破，原有的学科和行业界限逐渐被改造，一批业内知名专家、企业家、实干家加入，实现了对学生及学员的多渠道、多层次的联合培养；4. 培养模式更实用、更科学，能够集课程、工作坊、比赛于一体，采用小班研讨、实训等方式，促进师生自由交流；5. 通过合作建设不同环境的实习实践基地，以“工作坊”“资源库”“文创在线”“文创大赛”等为支撑，形成新的产业孵化平台；6. 强化应用导向，以能力为本位，以应用为目的，通过联合共建实验室、新IP、新销售等，强化实践训练，尤其是综合性创新训练；7. 进一步拓宽文化创意类、艺术管理类、艺术市场类的国际教育课程，加速国际学术交流合作，建设更具流量的国际教育园区；8. 文化时尚、美学前沿的社会导向愈发明显，艺术文创的辐射力和影响力日益强大，正在实现以文化自信为引领的更高速发展。

二、坚持促进艺术管理研究成果转化，继续强调文化与审美的正确传承

疫情是一场“大考”，后疫情时期，我们已经看到文化艺术产业所面临的各种调整和更新，这给我们带来很多思考。如何有效地调整？如何快速恢复？都是很严肃的话题。在具体执行层面，比如说管理机制、盈利模式等，已经有较多的探讨，而在文化主题、艺术融入、审美生活等方面，还有较大的空间有待挖掘。

这里有几点值得大家探讨：1. 审美谱系的有效梳理。对文化艺术历史的研究是学者的责任，如何在浩如烟海的中华文化艺术史中提炼完善的、精准的民族审美谱系，继而将研究成果转化、应用到新时代发展需求中，是一件重要的事。2. 审美基因的有

效继承。作为传统文化的核心，审美基因和审美能力决定生活品质，一个懂得审美的人，不仅仅会关注造型和色彩，更会注重其承载和内蕴。文化创新不能是凭空的创新，更不能是复古和守旧。不能徒看其表、陈陈相因，更不能离形离意、不知所云。如果这样，其他内容就会乘虚而入，而来自其他内容的审美除了新奇，是不可能长久的。3. 审美生活的不断完善。小到一个字体、一件衣服、一幅画，大到社区环境、公共艺术等，都是构成精神文明的部分，要符合时代需求，需要更多创新艺术形式介入。

作为文化与审美创新的主要版块，艺术文创通过创新发展，和企业、产品高度融合，强调对美和生活的热爱，形成产教研的内生动力，已经为高校师生实践双创、服务社会等提供了有力的平台支撑。

三、坚持完善文化创新整体理念落地，继续拓展文化与创新的广泛应用

文化赋能需要文化创新整体理念的落地执行，需要格局和心态，这一过程不仅包含着发现、修复、完善、重启，更有着观念更新、活力激发。先前的文创，虽然出现了大量的新产品、新品牌、新时尚，也带来了很多新的消费理念，但忽略了整体的概念、整体的架构。文创应该是一个全方位的大需求，不能只局限于一些杯子盘子、一些奇思妙想，它应该是基于传统审美基因的现代创新，存在于当代生活的方方面面以及更广泛的社会应用，从而才能形成兼容并蓄、和而不同的发展优势。也就是说，要善于发现传统文化的现代价值，不能限于零星和局部，要将可持续发展的文化创新整体理念贯穿到各个产业中去，让艺术和审美不偏不倚、共享共在，把我们的传统文化变成真正有传承、有自信、有价值的社会财富。

中国特色社会主义进入新时代，文化的重要性日益凸显。上海在2040年的目标是建成“卓越的全球城市”，建设“令人向往的创新之城、人文之城、生态之城”，未来20年拥有真知灼见的文创人才缺口极大，而人民对于艺术环境、审美生活的诉求日益凸显，这都需要不断整合政府、社会和高校的优质资源，持续推进文化研究和文化交流，加大艺术管理、艺术文创紧缺人才培养力度，不断着力建设、丰富文创资源库，将美术馆、博物馆等园区机构打造成为创新创业实践的重要基地和平台，进一步扩大文旅开发、艺术市场、公共艺术等领域的跨界融合，加快文化艺术与金融、科技的创新合作，扩大文化贸易流量，继承优秀传统文化核心内涵，大力弘扬社会主义先进文化，持续推动文化产业的高质量一体化发展。

华东师范大学
徐中锋